EN MI CAMINO

ISBN papel 978-84-686-2732-8

ISBN ebook 978-84-686-2733-5

Editado por Bubok Publishing S.L.

Deposito legal V-849-10

Propiedad Intelectual. 09/2010/243

EN MI CAMINO

Al Tiempo Pasado y lo que me ha permitido ser

ÍNDICE

1. Entre Poemas   11

2. Lo siento   71

3. Sosiego   115

4. Tesela   167

ENTRE POEMAS

Vine aquí a experimentar
Partes a mi yo consciente
Y los opuestos sirvieron
Para así hacerlas presente

Así se pobló mi entorno
De espejos donde mirarme
Y descubrir por contraste
Como poder superarme

A veces creí que personas
Estaban para aprender
Y después he descubierto
Que me ayudaban a ser

No tuvieron papel grato
Que interpretar en la vida
Fue un sacrificio de Amor
Una oferta sin medida

Me costó mucho apreciar

Su propósito en la vida

Me inunda la gratitud

Y debo darle salida

GRACIAS....

. . . .

Mi yo fue configurado

A lo largo de los años

Acumulando experiencias

Ilusiones y autoengaños,

Todo ha sido un sedimento

Que poco a poco se posa

Y dibuja un arcoíris

Desde el amarillo al rosa,

Pero no pesa mi yo

Que fuera de mí se expande,

La experiencia me impregna

Y hace mi yo, más grande.

. . . .

Persigo el sueño

De despertar

Creo el camino

Por donde andar

En el camino

Siento el latido

De todo entorno

Que anda conmigo

Ese latido

Vibra en mi alma

Y me despierta

Con toda calma

. . . .

Viajaba el tren en su vía
Cuando a mi Alma afluyó
Un sentimiento amoroso
Que a mucha gente alcanzó

Ese sentimiento
Fue modificando
El camino aprendido,
El circulo agrandando

Ese sentimiento
Creó una energía
Que elevó el camino
En la misma vía

Diferente altura
Otra percepción
Continúa el viaje
Hacia otra estación

Cambiaron las previsiones
Cuando el camino se alzó
Modificó resultados
Conforme mi alma creció.

. . . .

Hubo momentos preciosos
A los que quise aferrarme
Pero la realidad tozuda
Luchó por desengancharme

Ocurrió durante años
Hasta que pude entender
Que un suceso a otro sucede
Solo con pararse y ver

Mientras quise recrear
El tiempo grato de antaño
Fui rechazando el presente
Y ahí se produjo el daño

Nada para en esta vida
Un momento a otro sucede
Hay que seguir el ritmo
Que la música precede

Esta implica movimiento

Que todo ser vivo tiene

Y la libertad que implica

Si el fluir no se detiene.

. . . .

Estruendo de terciopelo

Big Bang de la creación

Abre e inicia camino

Tan solo con la intención

. . . .

Miras al horizonte

Y piensas en más allá

Asustándote el no verlo

Y no saber que será

Pero no pienses tal cosa

Vive en el paso que das

Disfruta tu yo y ahora

Que el camino ampliará

Y caminando en el mismo

Verás que hay otro horizonte

Que estaba solo escondido

Tras la colina y el monte.

. . . .

A tu lado se estaba tan bien

Que el trabajo era paz y sosiego

A tu lado crecí y comprendí

¡Tantas cosas que vería luego!

. . . .

Inicia donde tú quieras
El camino hacia tu encuentro
Tú decides desde donde
Y cuando será el momento

Si tus creencias te imponen
Que este sea trabajoso
Costará hacer el camino
Será largo y enojoso

Pero si te sientes libre
Y sabes que tú eres grande
Recorrerás el camino
Como la luz que se expande

Por principio todo es fácil
Hay que poner intención
Y saber que viajaremos
Donde quiera el corazón.

. . . .

Unos espejos de otros
Intercambio sin medida
Lección en dos direcciones
Paseo por esta vida

Cada uno en su papel
Tiene un espacio importante
El de enseñar y aprender
En un disfrute constante.

. . . .

Se tú quien inicie el cambio
Poniendo disposición
A recibir enseñanzas
Dentro de tu corazón

Así va haciendo camino
La luz llenando tu Yo
Hasta limpiar tu cabeza
Del ego y su obsesión.

. . . .

Todo lo acaecido
A lo largo de mi vida
Hizo parar mi carrera
Que pretendía movida

Parada inicié otro viaje
Este fue de introspección
Donde vi bellos paisajes
Con ojos de corazón

Me aficioné al viaje
Fui buceando en mi yo
Y encontré eternos caminos
Sin moverme del sillón

Cada vez se alza un poco
El circulo de mi viaje
Cada vez mi perspectiva
Engrandecía el paisaje

Así es como poco a poco

Viajo desde mi sillón

Y descubro la riqueza

Que encuentra mi corazón.

. . . .

Soy un charquito en la playa

Y espero la ola del mar

Que bañe y lave mi charco

Arrastrándome hasta el mar

Mar el universo grande

Que el agua del rio ansía

Incorporarse en su abismo

Mezclar su esencia y la mía

Ser flujo de la corriente

Bailar en esa energía

En la espuma de las olas

Mezcladas tu agua y la mía.

. . . .

Me he desarraigado tanto

De tantas y tantas cosas

Que aquello que me atrapaba

Es un camino de rosas

Ahora floto en el camino

No me esfuerzo ni en andar

Y en este nuevo camino

Disfruto, solo de estar.

. . . .

Me ofreces alternativas
Con la mejor intención
Pero yo las siento ajenas
Pues no entran en mi guión

En esta mi nueva tierra
Por la que anda mi yo
Hay remedios de la antigua
Que no captan mi atención

Sé que son algo estupendo
Y que tanto he deseado
Tener 20 años antes
Y me habrían ayudado

Pero en esta nueva vía
Por donde viaja mi tren
Una nueva perspectiva
De cura yo encontré

Y no me atraen otras

Que anhelé durante años

Porque estoy en un momento

Donde no siento los daños

Se diluyeron al tiempo

Que accedí a esta nueva vía

Acoplándose al momento

A la luz y la energía.

. . . .

Tuya es la eternidad

Porque Dios te creó eterno

Y no se veló tu luz

Lo hiciste con tu diseño

Ahora quieres despertar

Mirar y ver sin barreras

Para ello hay que descubrirse

Y resquebrajar tu cantera

Despierta y mira al frente

Crea y expande tu reino

Es la parte que te toca,

Despierta ya de tu sueño.

. . . .

Miro hacia atrás y recuerdo

Mi ansia de libertad

Para ello tomé un camino

Duro hasta la saciedad

Me lanzaron la basura

Yo la supe separar

Me supuso un gran esfuerzo

Pero me ayudó a pensar

Así pensando y sintiendo

Con la basura creé

Un jardín maravilloso

Un gran arca de Noé

Todo allí se alimentaba

Con humilde inteligencia

Todo en eterna simbiosis

Y en armonía perfecta.

. . . .

Hace tiempo que no oigo
Cosas que me ibas diciendo
Hace tiempo que no busco,
Tiempo que llevo durmiendo

Pero ya me estoy cansando
Y deseo despertar
Y ver una nueva calle
Por donde haya que pasar

¿No estoy preparada?
¿Estoy hibernando?
¿Por qué esta espera?
¿Qué estas diseñando?

. . . .

Siempre tuve una cabeza

Que sirvió a mi corazón

Doblegando otros esquemas

Que hablaban de sin razón

Y hablo de sin razón

Cuando se alimenta el ego

Que por adularlo llegas

A renunciar a tu cielo.

. . . .

No estaba en la frecuencia
Que mi entorno recreaba
Y sufrí los zarandeos
De las olas que chocaban

Entre vaivén y zozobra
Rodé hasta el punto justo
Donde anclar con raíces
Donde evitar el disgusto

Las pequeñas raíces
Fueron anclando mi nave
Logrando así equilibrio
Siendo dueña de la llave

Y ya en equilibrio interno
La fuerza del viento choca
Con una fuerte energía
Que paz serena provoca.

. . . .

Dile a tu Dios que estás listo

A recibir su bondad

Y sabe que te dio mucho

Que no supiste apreciar

Agradece lo que tienes

A su bondad limpiadora

Ábrele grande la puerta

Y ella sanará tú ahora

Te da lo que necesitas

Ábrele tu corazón

Que la energía amorosa

Conoce la dirección.

. . . .

Nos diste la tierra

Y a ella nos diste

Intercambio perfecto

Que nos ofreciste

La tierra nos cuida

Nosotros a ella

Y en ese intercambio

Crecemos con ella

Pero si hay abusos

Cogiendo sin dar

Se esquilma la tierra

Que hay que cuidar

Hay un gran abuso

Donde falla el plan

He impide armonía

Entre tomar y dar.

. . . .

En cada célula del cuerpo

Tu mente está

Pensamiento es energía

Que viene y va

La intención inicia el paso

A enfermedad o salud

El camino tú lo creas

Vives lo que creas tú.

. . . .

Cada cierto tiempo tuve
Un nivel fijo en las ondas
Por donde captar tu voz
Poniendo luz a mis sombras

Esa luz fue armonizando
Mis hemisferios craneales
Dando paso a una frecuencia
Que no hallaba en los diales

A la vez que yo cambiaba
La energía permitió
Al dial otra frecuencia
Que pronto se armonizó

Y así en un dial nuevo
Las ondas llegan a mí
Van fluyendo en mi entorno
Y yo soy su eco aquí.

. . . .

No es fácil complementarse

Cuando te sientes completa

Quieres una comunión

Una simbiosis perfecta

Menos de eso, nada importa

Pues nada te complementa

Antes de decepcionarte

Mejor que sigas contenta

Y así poder compartir

si algo a ti te complementa.

. . . .

Quise atrapar el momento
Que recuerdo muy feliz
Y el no fluir con el viento
Cortó este de raíz

El viento te va llevando
Y echar el freno provoca,
Anclarse en ideas viejas
Es chocar contra la roca

La vida es paso continuo
No detiene su camino
Hay que caminar con ella
Es el proceso Divino

Que el albedrío confíe
En el camino a seguir
Un gran campo de experiencia
Que me reservas a mí.

. . . .

Siento fuerza que me impulsa

A iniciar un movimiento

Me pongo en disposición

Para volar con el viento

Tú sabes por donde sopla

Y sabes la dirección

Hacia el camino infinito

Por el que fluyendo voy.

. . . .

Por esta tierra pasamos
Andando cumbres y valles
Sembrando con nuestras huellas
Plantas que sacian el hambre

Pero sentimos estéril
Nuestro paso por la vida
Solo porque no volvimos
A ver la siembra nacida

Sembró nuestro subconsciente
Siempre en nuestra huella impresa
Todo tipo de alimento
Que requiere nuestra mesa

Así es que el planeta Tierra
Nos tiene por aliados
En la simbiosis profunda
Con la siembra y el arado.

. . . .

No supe que fuera faro

Ni que reflejase luz

Ni el porqué, en la playa anclada

Sólo lo sabías tú

Ahora tú me descubres

Que soy un faro de luz

Que disipa las tinieblas

Que pone en las rocas luz.

. . . .

Naciste con actitudes
Que superan lo normal
Y elegiste un entorno
Para tu fin, especial

Olvidaste tu elección
Para desde ahí crecer
Es un resorte asombroso
Que no quieres comprender

Si hubo un momento difícil
Este ya quedó atrás
Porque nada es permanente
Y recreándolo estás

Tú inteligencia, tu hechura
Tú físico y tu bondad
Son herramientas grandiosas
Que no dejas actuar

Tus acciones son tu gran belleza

Y tú no lo quieres ver

Son tu vida y tu camino

Vive tu propia grandeza

No una alerta del ayer.

. . . .

Estaba yo convencida
Que mi vida era hacer,
Eso me habían enseñado
He hilvanaba para coser

Después de un golpe de suerte
Que me mantuvo parada
Crecí aunque nada hacía
Y en ser yo me alimentaba

Al fin me fui dando cuenta
Que al ser se hace camino
Y confiada me adentro
En territorio divino.

. . . .

Es una alegría, un gozo
Un instante universal
Nuestro paso por la vida
La enseñanza que nos da

En cada pensamiento
Palabra o acción
Te va haciendo una persona
En constante evolución

Te creas a cada instante
Avanzas en tu saber
Hacia otra idea grandiosa
Que también lograrás ser

Recrearse en lo grandioso
En la belleza, en la flor
Activa nuestros recuerdos
En nuestro mundo interior

Así vamos recordando

Que albergamos un saber

Que aflora a nuestro presente

Que habita en nuestro ser

Somos uno con el todo

Parte de aquello que vemos

Y reconocerlo implica

Intuir que nos conocemos.

. . . .

No hago planes, pues restringen

El fluir que el viento acerca

Y la sanación que llega

A aquel corazón que encuentra

Pongo en ello mi intención

Para fluir con el viento

Y en ese liviano viaje

Sanarme también por dentro.

. . . .

El sol la luz nos envía

Sabiduría está en ella

Te mostrará un camino

Que iniciarás con tu huella

Solo tú haces tu camino

Sin huellas de los demás

Porque si pisas en otras

Tu vida no vivirás

Solo el camino que andando

Haces sin mirar atrás

Recrea lo que tú anhelas

Aquello que lograrás.

. . . .

En el eterno presente del ahora
Me estás diciendo
Que ves solo en un momento
Todo lo que he ido viviendo

Ello lo voy comprendiendo
Porque cuando miro atrás
Accedo a tiempos de antaño
Si allí mi mente se va

No tengo que desandar
Año tras año,
En conexión infinita
Vivo lo que viví antaño

Hoy vuelvo a los siete años
Cuando una gran conexión
Me impactó he hizo presente
A Dios en mi corazón

Desde entonces no he olvidado

El éxtasis amoroso

De esa primera experiencia

De ese intercambio amoroso

Hubo tantas, tantas veces

Sin previa meditación

Que enlacé con la corriente

que inunda mi corazón

Esa impronta hizo camino

Por donde acercarme a ti

Un camino de ida y vuelta

Pues te haces presente en mí.

. . . .

Se apagaron las luces

De mi cabeza

Y me dejan a oscuras

Con mi torpeza

Pero avanzando ¿A dónde?

¿Dónde me lleva?

Porque un paso tras otro

A nada llega

Si soy menos racional

A veces calma pensar

Que si la razón no llega

El corazón hablará

Esa parte a mí me llena

Y mi espíritu agradece

La introspección que recrea

La impresión que el Alma crece

Pero en las cosas tangibles

Aquellas que razón manda

Siguen a oscuras, sin luz

Y no atienden mi demanda.

. . . .

Fui poniendo letras
A estar dormida
Y a la duermevela
De toda vida

Con peregrinos pasos
Hice camino
Admirando destellos
De luz y vino

El vino aletarga
La luz me alienta
Y en este duermevela
Luz me alimenta

El aliento del destello
A la luz de mi conciencia
Hace y alumbra el camino
Con intención y paciencia

Así espero despertar
Al impulso de mis pasos
Con el polvo del camino
Sin condición ni fracaso.

. . . .

Te miras en el espejo
Y en el ves tu yo presente
Aquel que se ve en la tierra
Hasta que llega la muerte

A veces pretendes ver
Otros Yos, vidas o tiempos
Queriendo ver algo ajeno
Que ocurrió en otro tiempo

Pero te encuentras a Ti
Portador de esa experiencia
De otras vidas vividas
Y de ellas llevas su esencia

Lo que ves en el espejo

Es el extracto somero

De tantas y tantas vidas

Que te alentaron primero.

. . . .

Será el motivo de un fin
De ello segura me encuentro
Pero cual es no lo veo
Y no lo escucho por dentro.

Entre comprender o no
Aquello que a mí me pasa
Espero una explicación
Porque ello a mí me rebasa.

. . . .

Cuando consigo el silencio
Entre el sonido envolvente
Y se acalla en mi cabeza
El ego que habla y miente

Ahí percibo tu voz
Ahí me empuja tu aliento
Ahí me habla en corazón
Ahí realmente siento

A lo largo de los años
Se me ha dado información
En la medida que puede
Comprender mi corazón

Y quiero comprender tanto
Tanto nuevo que presiento
Que a veces duele la espera
Quiero correr, y me siento

Ya sé que amanece siempre
No hay que correr hacia oriente
Solo esperar el momento
En que se haga presente

Y así anclando mis raíces
Para que crezca mi Yo
Voy escuchando tus pasos
Y comprendiéndolo estoy.

· ·

Ábrete a la energía que llega

Y recibe del todo amoroso

Consiente a la luz que te llene

Recibe al que da generoso

Sin ese consentimiento

Y con tus puertas cerradas

No inicias tu curación

Mientras vas poniendo trabas

Pon tu intención pura en ello

Confiado y generoso

Que la energía es sabia

Y encuentra el daño en el pozo

Siente que la luz te embarga

E ilumina el corazón

Disolviendo resistencias

Sanando sin condición

Se tú quien inicie el cambio
Poniendo disposición
A recibir enseñanzas
Dentro de tu corazón

Así va haciendo camino
Y va llenando tu Yo,
Quitando de tu cabeza
La nube que se instaló.

. . . .

Es la ascensión un camino
Que requiere maestría
Y la luz va revelando
La enseñanza día a día

Atrapa un rayo de luz
Y llévalo a tu interior
Para que vaya inundando
Las sombras de la razón

La energía potencial
Que la luz mueve a su paso
Es la fusión esencial
Desde el alba hasta el ocaso

Afianza en tu camino
Un paso seguro y firme
Que inicias con intención
De que tú Yo se reafirme

Todo ello alimenta

Al Yo que busca crecer

En ello se afianza

Y empieza a ascender su Ser.

. . . .

Me enamoré del amor

Y menos no me interesa

Quiero simbiosis profunda

Quiero comunión intensa

Algo que no he compartido

Y veo en el retrovisor

Unidos mis siete chacras

En receptor y emisor

Un acercamiento interno

Que vibre en muchos niveles

Un éxtasis de unidad

Uniendo chacras y pieles

Sería una explosión de gozo

Un intercambio divino

Una unidad sin medida

Una cima y un camino

Pero esa unidad divina

Que llegaría a lograr

No podría compartirla

Porque solo puedo dar.

. . . .

Preguntas, ¿Qué libros lees?
Y a responderte voy
A los que ponen palabras
Al sentimiento que soy

Mi Yo es un conglomerado
De ciega sabiduría
Y el libro me presta luz
Y palabras como guía

Es como ver en espejo
Algo oculto en mi interior
Con el me familiarizo
Y sé que responsable soy

Así voy reconociendo
Que me reafirma leer
Porque leo lo que siento
Y eso me permite ver

Ver que hay un fondo grandioso

De información sin medida

Dentro de mí esperando

Que sepa darle salida

Al ver en la letra impresa

Aquello que estoy sintiendo

Abre un proceso, un camino

Por donde ir comprendiendo.

. . . .

Dejé de sentirme sola
Hace tantos años ya
Que no recuerdo la angustia
En la impotente soledad

Cuando me sentí la parte
Que con el todo se da
Al ser una con el todo
Terminó la soledad

Ya no soy átomo suelto
En la gran inmensidad
Soy un átomo del mundo
Parte de la gran verdad

No hay separación
Entre todo lo creado
No mantengo la ilusión
De ser una en separado

Así me mantengo unida

A toda la creación

No puedo sentirme sola

Siendo del todo porción.

. . . .

Se la fuente y da tu agua

Para que sacien su sed

Aquellos que a ti se acerquen

Y necesiten beber

Sé ejemplo, con tu oferta

Da lo que quieras tener

Y no te faltará agua

Para que calme tu sed

Lo que tú das no se pierde

Pues sacia y riega a la vez

Germinan así semillas

Que te permiten comer

Da, aquello que tú tienes

Da lo que quieres tener

Eso se materializa

Eso alimenta tu ser.

. . . .

Hubo límites marcando

La expresión, el movimiento

Lacerando así mi Alma

Muriendo por un momento

Los límites solo me hablan

Del temor que estás sintiendo

He imponiéndomelos consigue

Que yo me sienta muriendo

Pero, mi cuerpo no es cárcel

Donde mi Alma esté quieta

Esa imposición me apaga

Quiero mantenerme alerta

No puedo experimentarme

En una cárcel dormida

Pues mi sentimiento es libre,

E ilimitada mi vida.

. . . .

LO SIENTO

Si yo de mis actos soy la responsable,
De mis omisiones no te hago culpable,
Hiciste todo aquello que creías
Que era por mi bien, por educarme.

Enseñar a trabajar y a obedecer,
Inculcar el aseo y el respeto
Creíste que serían buenas armas,
Para vivir este mundo, y lo respeto.

Más para ello es imprescindible
Que la autoestima no tenga carencias,
Que solo siendo completo y sin fisuras,
Superas este mundo de apariencias.

No soy más ni menos que los otros,
No me alabes ni me desmerezcas,
Soy un uno con el uno entero
La pequeña parte que hiciste que crezca.

. . . .

Ese extraño fuego de artificios
Que recrea la mente de forma perversa,
Hace que te amarres a la idea
Que la mente siente, que la mente piensa.

Más no lo creas, solo tus sentidos,
Alerta todo el tiempo y sin descanso,
Te dicen todo aquello que deseas
Te dicen que la vida es un remanso.

Tu cuerpo en cada célula es el todo,
De ella percibe sensible el movimiento,
Fluye con ella que el cambio es la constante
Y estar parado estrangula el sentimiento.

Fluye con el todo, que el todo es sentimiento
Embriágate en el baile del momento,
No dejes que tu mente se entrometa,
Que no reste una idea o un lamento.

. . . .

Estoy recordando y lloro,
La sensación de vacío
Que sentía entre mis brazos
Y el frío alrededor mío.

Recuerdo otro tiempo
En que hallaba el vacío,
Como algo lejano
Que helaba el rocío.

No sé cuándo pasó aquello,
Ni como se fue colmando
El vacío entre mis brazos
Y el corazón calentando.

Siento diferente,
Ya no siento frío
Mis brazos se colman
Terminó el vacío.

Si hay Amor, no hay miedo
Por eso yo no comprendo
Que a un Amor como tú eres,
El miedo le esté rompiendo.

El miedo no existe
Y tú lo recreas,
Llenas de él tu vida
La que el miedo crea.

Es nefasta fantasía
Que está arruinando tu vida,
Pero tú que lo eres todo
Busca y encuentra tu mina.

Coge pico y pala
Rompe y tira el miedo,
Abre así la puerta
Que te cierra a un cielo

Destierra ese miedo
Que te está matando,
No lo reproduzcas
Se irá disipando.

Vive cada día
Disfruta el momento,
Siente a cada instante
Tu mejor encuentro.

Ten Fe, tú mereces
Como todo humano,
Ser feliz y no dejar
Al miedo darte la mano.

Siéntete seguro y vive contento,
Dios nos lo da todo
Luz, cobijo, vida
Y todo alimento.

. . . .

Tú lo eres todo

Y eres singular,

Solo tu yo es tuyo

Si sabes crear.

El todo te envuelve

Contiene tu yo,

Recrea tu forma

Con constante Amor.

El cambio es continuo

No para la vida,

Sólo el Amor puro

No va a la deriva.

. . . .

Pasado el tiempo, equivocada, comencé a pensar

Que habría requerido se me diera,

Un soporte para poder saltar

Y evitarme el dolor que me lacera.

Pero ya digo: estaba equivocada

Mi Yo y mi sitio reconstruir debía,

No importaba lo obstinado del entorno

Mi camino no interrumpiría.

Recreé la idea del adverso entorno,

Y me hallé presa en una encrucijada,

Cada calle hería a una persona

Y por no dañarla en el centro me quedaba.

Presa en el, me ahogaba sin remedio,

Al fin me di el beneficio de la duda,

¿Por qué pasar iba a dañar a nadie?

Si el crecer a todos nos ayuda

Pido perdón por haber hecho culpables,

De una prisión que es sólo cobardía,

Pues no hay nada más grande que ser libre

Y siempre lo fui, pero no lo sabía.

. . . .

Te sientas sobre una roca

Y tú la estás ignorando,

En ella descansa el mundo

Mira y no sigas llorando.

Más allá del miedo

Que te atrapa en el temor y desencanto,

Se cura la ceguera, se encuentra la armonía,

Se cubre el frío con caliente manto.

. . . .

El suave aleteo

De una mariposa,

Trae el aire nuevo

Mueve el que reposa.

El aire trae ritmo,

Belleza, color,

Abre tus sentidos

Alienta el Amor.

. . . .

Se dice que entre Druidas
De viva voz se enseñaba,
Y las palabras el viento
Recogía y acunaba.

Todo está en el aire
Todo vibra en él,
Lo malo, lo bueno
Lo que quieras ver.

Eleva la vibración
Capta la buena enseñanza,
Que penetre por tus poros
Que nivele tu balanza.

. . . .

Ya voy presintiendo
Una nueva cima
Que un eco apagado
Quiere que perciba.

Voy embastando
Ideas veladas
Que serán grandiosas
Aún están heladas.

Un eco, aunque poco intenso
Me arrulla con su susurro,
Es sonido, es armonía
Es Amor que impulsa al mundo.

Doy una puntada al viento,
Otra al color que me agrada,
Otra a la luz que me guía,
Otra al Amor que me embriaga.

. . . .

El sonido vibra,

El sonido llama,

Busca tu frecuencia

Y se acerca a tu cama.

Quedaste dormido

Para descansar,

Pero ya es la hora

Te viene a buscar.

Todo lo anterior

Todo lo que viste,

No agotó el camino

Parte de él viviste.

Aquello que antaño

Pudiste aprender,

Forma tu equipaje,

Crece del ayer.

. . . .

Sigue y busca hacia delante,
Parte de este despertar,
Sumérgete en los colores
Y siente al Amor amar.

. . . .

Quisiste ser la vía y el camino
Que subterráneo a mí me parecía,
No pude comulgar con tus ideas,
Que gravadas en piedra perecían.

. . . .

Date espacio para sentir,
Fluye en un cuerpo liviano,
Deja atrás las ataduras
Vibra con todo lo humano.

. . . .

Actualiza a cada instante tu experiencia,

Escapa del grillete que te amarra,

Y serás la bella mariposa

Que pasó de gusano, pupa o larva.

. . . .

Entre el Amor a todo
Que implica amar a Dios,
Decidí amar a otros
Pero olvidé mi Yo.

De ese olvido me resiento
Y me siento encarcelada
Y a veces culpo a otros
Por estar equivocada.

El Amor mal entendido
Que me atrapa a sus ideas,
Hace que corte mis alas
Para que otros no se hieran.

Pero ese no es el camino,
Ellos deciden su vida,
Puedo quedarme con ellos
O abrir la puerta a la mía.

Entre el Amor a otros

Y el olvido de mi Yo,

Me hice mucho daño

Pero eso ya pasó.

. . . .

Me acerco al ribazo
Y observo admirada,
Las flores diversas
Que me saludaban.

La clásica roja,
La malva azulada,
La granate suave,
La dulce rosada.

Veo su belleza
Su fragilidad,
Su oferta amorosa
Y generosidad.

En su cercanía
Me siento hermanada,
E imbricada simbiosis
Fortalece mi Alma.

Me dan su riqueza,

Llenan mis sentidos

Y en mi territorio

Fluyen sus latidos.

Siento su armonía,

Su equilibrio interno,

Formo parte suya

Soy su mismo sueño.

Un sueño sereno,

Dulce, generoso

Que habla de la vida,

Que muestra lo hermoso.

.   .   .   .

Quiero escribir desde el presente de mí ahora,

Aceptando la confusión de mi pasado,

Inspirando en el aire que respiro

La imagen que la convivencia ha recreado.

Distintas vivencias y sentimientos enfrentados,

Me ayudan a conocer y a conocerme,

Quiero ser fiel y valorar otras creencias,

Y quererlo me ayuda a quererme.

Abierta al flujo de la vida,

Llegaron de los otros muchos sentimientos,

Me hicieron ver que existen muchas miras,

Y cada cual experimenta su momento.

. . . .

Papel neutralizador
Que asumió mi vida entera,
Estando entre otros sintiendo
Su encierro ante la frontera.

No distingo exactamente
Mi papel entre otras mentes,
Sólo sé que allí en el centro
Fui presa de mil corrientes.

Una corriente sentía
Su razón, su fuerza ardiente
Sin detenerse a pensar
El sentir que había enfrente.

Otra corriente dolida,
Se amargaba sin remedio
Sin conseguir explicar
Que hay un camino intermedio.

Uno se duele de ira,
Otro se ahoga en su dolor,
Y el que se queda en el medio
Le duele todo dolor.

Es una dura experiencia
Sentir el dolor ajeno,
Te duele toda corriente
Que no acepta lo que es bueno.

Ponerse en lugar de otro
Y aceptar la consecuencia
Que todo tiene razón
Sin saltarse la secuencia.

Espacio intermedio,
Lucidez meridiana,
Camino entre sombras
Despertar, mañana.

. . . .

Para no herirte, me hiero
Y de algún modo te afecta
Pues no sabes que me ocurre,
Pero no me ves contenta.

Tus ideas crean una línea,
Que las mías quieren transgredir,
Quedarme dentro duele, me hace daño,
Saltar la línea es poder vivir.

Mis ideas quieren libertad
Sin dañar por ello el pensar ajeno,
Cada cual requiere su parcela
Cada cual abona su terreno.

Deseo que abras tu mente
Des paso a nuevas ideas,
Sé feliz y comparte el sentimiento,
Que te espero aunque no lo creas.

. . . .

Escucha tus sentimientos,
Te hablan con un susurro
No esperes a que te griten
Y mécete en su arrullo.

Si esperas el grito
Sentirás dolor,
Y el frío abandono
Que da el desamor.

Escucha tus sentimientos,
Observa que has aprendido,
Fíjate en tus pensamientos,
Y siente si están unidos.

Si no hay contradicción,
Todo en ti es un aliado,
Que te ayuda con Amor
Todo lo que hay a tu lado.

. . . .

Mi Alma me contiene,

Me acuna y me libera

Se expande, se hace grande

Me acerca a tu ribera.

Mi Alma se hace tuya,

Se acerca con cariño

Mi Alma está en mi entorno

Y en todo me hace un guiño.

Si en mí se individualiza

Y en el todo se completa

Mi Alma no es sólo mía,

Palpita con el planeta.

. . . .

Pienso en términos de tiempo,
Ayer, hoy y mañana,
Ilusión que recrea
Comprensión meridiana.

Tengo preguntas y dudas
Que lo anterior me produce,
Y en el presente momento
Apaga todas mis luces.

En él hay siglos y siglos
Más no logro comprender,
Lo infinito de un momento
Lo infinito de mi Ser.

En mi Alma viajar podría,
En Ella sentir pudiera,
Que el eterno ahora existe
Pero mi mente me frena.

Quiero escuchar el susurro,

Que me explica desde dentro,

Ahora le siento callado,

Debe no ser el momento.

. . . .

Tu pequeña sombra
Fuerte poderosa,
Es inmensa cárcel
Triste dolorosa.

El temor rebosa
He imprime su huella,
Todo se estropea
Si está cerca de ella.

Socava mi Alma,
Mi cuerpo mutila,
Vivir en la sombra
Es miedo y rutina.

. . . .

Deseo sentirme libre

Para expresar como siento,

Que es Amor a toda vida,

Que es vivir mi sentimiento.

Pero hay gran incomprensión

Que este proceder provoca,

Que me limita y me frena

Y ahogar mi Amor de destroza.

. . . .

Cosida a mi equipaje

La idea de algo más,

Me hizo elevar la vista

Para ver con libertad.

Subir por la ladera

Tiene dificultad,

Y queda en el camino

Quien no se quiere alzar.

Mirar desde más alto,

Querer ver más allá,

Implica que te encuentres

Contigo en soledad.

Soledad deliciosa,

Colmada por doquier

Por todo lo creado

Por todo lo que es.

. . . .

Viciada es la palabra respeto,
Construcción social que somete y oprime,
El respeto no obliga a hacer algo,
El respeto se siente y se esgrime.

No gobiernes bajo esa palabra,
Inherente a tu miedo en la vida
El respeto es eterno y presente
El respeto es libre, el respeto es vida.

Incondicional y libre mi ser se "respeta"
Esa debiera ser mi insignia y mi bandera,
En el mismo tono ir hacia mí mismo,
Y vivir la vida sin vieja quimera.

Libertad es respeto,
Es supremo Amor,
Amarrar al otro
Es el desamor.

. . . .

Te conocí y me sentí libre,

Abrí mi corazón y mis reservas,

Desgrané poco a poco mis ideas

Y mi forma de ser porque me conocieras.

Esta apertura, este mundo sin reservas,

Chocó contra una roca sin fisuras,

Lo que era blanco, limpio y sin dobleces,

Volvía negro y todo eran dudas.

Todo volvía con un doble sentido,

Todo malicia e intransigencia

No encontré el freno o medida,

Y se llenó mi vida de impotencia.

. . . .

Los mitos culturales que nos guían
Se han vuelto inoperantes, sin sentido
Marcaban el camino hacia una meta,
Y la esta se diluye en el camino.

Perdidos en la base trasnochada,
Que preveía alcanzar sus objetivos,
Se encuentra al desamparo y sin camino,
Embotando con ello los sentidos.

Pasa el tiempo y buscando lo imposible,
Pretendes percibir nuevas ideas,
Y en silencio percibes vagamente,
Que existen ya, pero tú no las recreas.

No seguir ciego, alerta los sentidos
Sube tu percepción a lo infinito
Allí percibirás nuevas ideas,
Que alteran la exigencia de estos mitos.

. . . .

Buscando abrirme camino en la vida,
Mi parte Tuya me ignoró de plano,
Mí Yo cayó en la tentación externa,
De buscar lejos, lo que estaba a mano.

Así experimenté el desencuentro,
Así la división entre lo humano,
Fui efecto del proceso y no la causa,
Y ese desafío me hizo daño.

Quise amar lo bueno de las cosas,
Y convertir lo malo en oro puro,
Olvidé que si amaba plenamente,
Todo era luz, no había nada oscuro.

Comencé a conversar conmigo misma,
Fui escuchando aquello que sentía,
Dejé cosas externas que me ataban,
Porque mi Yo el lastre rebatía.

No servían prejuicios culturales,

Que impedían moverte hacia otro lado,

No servía luchar para ser algo,

Solo salir del mundo bloqueado.

Ser libre de prejuicios,

Vida que busca ser,

No ser cautiva del pensar ajeno,

Beber la fuente de Amor y crecer.

Quiero pedir y pedirme perdón,

Por andar una vida equivocada,

Por la prisión de mis sentidos

Y dar las gracias por la etapa que acaba.

. . . .

Quise que fueras mi abrigo,

Que cubrieras mi frío,

Y un témpano encontré

Supe que si el frío era mío

Fabricara el abrigo

Y a eso me dediqué.

No podía culparte,

Por mis huesos helados,

Que se habían enfriado

Cuando me abandoné.

Porque me olvidaba,

Que no existe el frío,

Y viví la quimera,

Hasta que recordé.

Recordé la presencia,

El reconfortante calor,

Y olvidé la quimera,

Del frío desamor.

. . . .

Se han ido cerrando etapas,

Ya hay una nueva abierta,

Quiero ver que me depara,

Para ello estaré alerta.

. . . .

No firmé yo un contrato contigo,

Que hablase de deber o sumisión,

Fui a ti libre como libre viento

A compartir una vida de ilusión.

Al tiempo se impuso en mi otra idea,

No disgustarte por actos u omisión,

Fui recortando tanto mi albedrío,

Que dejé a mi persona en un rincón.

Mi deseo era amar y compartir,

Y en ti encontré el de amar y poseer,

No supe reaccionar y fui la presa,

Del cazador que no quiere crecer.

. . . .

Fui sin temor, mentira o dolor,
Enarbolando la bandera de lo bueno,
Expresando quien era realmente,
Y encontré en tu cabeza un mundo ajeno.

La división en mi círculo era ajena,
Rompiste poco a poco mis esquemas,
En el círculo de Amor que me albergaba,
Quisiste ver que había Almas ajenas.

Más no era así, era un círculo completo,
Sin él, parte de mí se quebrantaba,
Tú eras un paso más para ampliarlo,
La pieza clave que me levantaba.

No viste la importancia de tu puesto,
Que el engranaje del círculo ajustaba,
Sólo viste que allí todo era uno
Y no ser único tú, te disgustaba.

. . . .

Llegaste a experimentar el gran Amor,

Creíste en mí haberlo descubierto,

Tu fibra vibró con armonía

Era tu realidad, tu reencuentro.

Eras tú, y a ti te encontrabas

Dejando tu Yo al descubierto,

Podías vislumbrar tanta grandeza,

Que quisiste atrapar ese momento.

Quisiste parar el movimiento,

Que no es posible porque todo sigue,

En esa lucha olvidas tu grandeza,

Y persiste el temor y el egoísmo.

Sólo por olvidar que tú eres grande,

Y darlo todo por el Amor mismo.

. . . .

Es algo recurrente, que sucede
Que me atrapa en el sentir de otras ideas,
Me paraliza e impide el movimiento,
Para subir el escalón que me libera.

Hilada en la madeja de esos otros,
Inicio una salida equivocada,
Les culpo a ellos de tejer con sus ideas,
En vez de a mí, por dejar ser capturada.

Me siento mal y lucho equivocada,
Me duelen las ideas que son suyas,
En vez de comprender que ellos las quieran,
Y no comprenden que en mi vida las excluya.

También a ellos debe de dolerles
Que no comparta lo que a ellos les ocupa,
Yo quiero sentir mi mente libre,
Y que tan fácil me atrapen me preocupa.

Tengo mis propias ideas,
Que dejan huella marcando mi camino,
Si daño con ellas mi corazón sangra,
Si me paro, no sigo mi destino.

. . . .

Creé mi propia experiencia
Y equivocada en la vida
Fui buscando para todos su justicia,
Que esperaban y no se movían.
Al fin comprendí
Que la justicia no es la consecuencia,
Sino la acción de día a día
Y la sabiduría que da
Dicha experiencia.

. . . .

Sé y supe, que eras la persona,

Que esperaba mi Alma ilusionada,

Tu piel y la mía en su empatía

Me dijeron que era estar enamorada.

Yo era persona

Guiada por mí Ser,

Donde existen los otros

Y un mundo para querer.

Tu gozo era mi gozo,

El mío no fue tuyo

Tú querías restringir mi vida

Yo quería derribar tu muro.

. . . .

SOSIEGO

Me he sentido extraña

Y un desconsolador vacío

Que nunca creí sentir

Si abandonaban el nido.

No creí que fuera esa

La tristeza que me embarga

Pensé en un presentimiento

Y sobrecogió mi Alma

Pero no, quiero pensar

Que el motivo de mi pena,

No es que vaya a pasar algo

Es que no debo hacer cena.

Yo me creí independiente,

Confiada y segura,

Y descubro que mis hijos

Son el pilar que me cura.

Los encuentro vulnerables

Y no puedo contener

Las lágrimas por mi cara

Queriéndoles proteger

Expresé mal el sentimiento

Al decir que era un vacío,

Y solo era el corazón

Quejándose como un crío.

Creí que les enseñaba

Preparaba y ayudaba,

Pero todo en mí era ellos

Y en ellos me sustentaba.

. . . .

¿Qué me estás diciendo?,

¿De qué me liberas,

Por qué mi cabeza,

Por qué mi bandera?

¿Acabó el propósito

De que la tuviese?

¿Por eso se agita,

Por eso se mueve?

Mi cuerpo la sustenta

Y, en su movimiento,

Bate mi cerebro

Y empieza el tormento

¿Quieres que esté quieta,

Que ya no me mueva?

¿Cual es tu propósito,

Cual la buena nueva?

. . . .

Si en el mundo activo

No tengo cabida,

Márcame el camino

En que parada viva.

Todo lo que hago,

Todo movimiento,

Me pasa factura

Y pago mi sustento.

. . . .

Han sido muchos los años
Volcando mi vida entera
Que no sé hacer otra cosa
E inicio una vida nueva

Soy un pato mareado
Que su brújula ha perdido
Y en círculos da la vuelta
Perdida en su mismo río.

Espero superar pronto
El quejido que me embarga
Pues no se han ido de casa
Y ya se me ha roto el Alma.

. . . .

Voy acumulando años
Y estoy empezando a ver
Como agravios más antiguos
Se están subsanando bien

Y ello sin interferir,
Dejando en manos de Dios
La cura de las heridas
Que la ignorancia dejó.

.   .   .   .

Se independiza mi hijo
Es cosa de un mes o más
Y desde que lo he sabido
No he dejado de llorar

Me alegro mucho por el
Será feliz, lo merece
Pero se va la persona
Que me conoce y me crece

Siempre sola frente al mundo,
Y solo él sabe comprender
Como pienso y como siento,
Sólo con mirarme y ver.

Ve en mí lo que nadie encuentra,
Sabe mi sentir interno
Y de no haber sido por El
Mi vida sería un infierno.

Quiero que vaya feliz

A iniciar su nueva vida

Yo le apoyo desde aquí,

Su felicidad es la mía.

. . . .

En un punto ignoto del recuerdo

Mi niñez lejana archivó el color

Vibro ahora al verlo cada primavera

Y en mí se une al tiempo, pues ya soy mayor.

. . . .

Pasa un aire de tormenta
Cerca de donde me encuentro
Y yo quiero detenerlo
Pero me rompe por dentro.

¿Por qué la tormenta,
Por qué el vendaval,
Por qué no la calma,
Por qué no la paz?

¿Es precisa la tormenta
Que arrase con lo sembrado?
Yo no encuentro la respuesta,
Para eso no ha germinado.

En mi estómago resiento
Lo que arrasa la tormenta,
Y duele tanto el dolor
Que incluso me desalienta

Una vez más, busco ayuda

Pido sosiego y templanza

Al Dios que todo lo puede

Al Dios que todo lo alcanza.

. . . .

He pasado años en casa

Esperando cada día

Que regresaran a casa

Y hacer algo si podía.

Al fin se van liberando

Y en casa, sin esa espera

Cuan junco solo en el agua

Me siento en esta ribera.

. . . .

No hay mal que por bien no venga,
Y ahora empiezo a comprender
Porqué estaba la espina
Siempre en el bote de miel

Tanto se clavó la espina
En mi carne lacerada,
Que no lograba calmarla
Por mucha miel que endulzara

Ahora empiezo a ver
Que existía por contraste
Y así poder descubrir
Los dones que me otorgaste

Creo que ser una espina
Es una vida muy dura,
No sé si ella elije serlo
Y permitirlo no ayuda.

Tantos años ciega,
Mirando, queriendo ver
Y ahora veo que la espina
Es la que me hizo crecer.

¿No crees que ya ha cumplido
El mandato que le has dado?
Déjale libre de oficio
Que ya no sufra más daño.

Vi como malo un propósito,
Vi como mala una acción,
Sin ver qué distorsionaba
Con mí ofuscada visión.

Sé que ocupabas tu puesto
Cuan portal del crecimiento
Por donde al pasar lo hicimos
Superando el sufrimiento,

No fue tu elección hacerlo

Es lo que te tocó hacer

Por donde todos quisimos

Pasar, para así crecer.

GRACIAS.

. . . .

Eres como ser terciario

También parte del conjunto,

Y miles de interacciones

Crean la urdimbre y el punto

Deja la evidencia por la esencia

Mira las estrellas, deja el farol

Constata la evidencia de tu Alma

Que te habla de la esencia del Amor.

. . . .

Ando pidiendo por otros

Y no sé si eso ayuda

Porque si ellos no se implican

¿Puede llegarles mi ayuda?

Pido a su Ángel de la guarda

Y al Dios que todo lo ampara

Que le proteja y ayuda

A ver la luz que nos manda

Que no anden en las tinieblas

Que vean la luz brillar

Que quiten miedos y traumas

Y empiecen a despertar

Por favor empuja un poco

Haz que salgan del atasco

Para que puedan mirarte

Desde fuera del barranco.

· ·

Quiero hablarle y dar las gracias
A la prisión que me ahogaba,
Pues me mostraba el camino
Que yo ciega, no encontraba.

Y en esa ceguera absurda
Presa y con resentimiento,
Ansiaba ver que había fuera
En vez de qué había dentro.

Poco a poco mi prisión
Harta de oírme gritar
Me mostró que había un camino
Libre hasta la libertad

Yo, en mi misma era universo
Era compleja y radiante
Y me busqué sumergida
Buceando vacilante.

. . . .

Ocurrió durante siglos
Se tapó con ilusión
Con discurso y con razones
La esencia del Ser, del YO

Vacuidad de palabras
Teorías sin cuenta
Por llenar un vacío
Que ya lleno se encuentra

Subyace esperando abrirse
Y poder ser disfrutado
El conocimiento intemporal
Que el caos tiene atrapado

En la antigüedad afloraba
En un orden natural
Todo se relacionaba
Y el bien anulaba al mal

. . . .

Hace años que yo escribí
Era una necesidad
Tenía que vaciar dudas,
Búsqueda, inseguridad

Me hizo tanto bien
Terapia tan efectiva
Que yo buscaba vivir
Y acabé encontrando vida.

Entre búsquedas y encuentros,
Entre llantos y esperanzas
Afluyó tanto al pantano
Que rebosaron sus balsas.

Y ya es esa tesitura,
Tan llena de Amor y miel
He de coger este lápiz
Porque no quepo en mi piel.

No sé si he de decir algo

No hay búsqueda, lucha o duda

Siento que he de escribir,

Quitarme otra vieja muda

. . . .

Ayúdame a estar alerta

A escucharte en mi cabeza

Para seguir esa voz

Y moverme con certeza.

. . . .

Me diste buena cabeza,

Me diste buen corazón

Y al servicio del segundo

La primera obedeció,

Ahora no me acompaña,

No admite hazañas ni empleo,

Pero aún quiero ver con ella

Y me responde: no puedo.

Pago un precio muy alto,

Por un simple movimiento,

Por favor dime el motivo

Si ya es el momento.

Con el corazón por jefe

Me llevó por esta vida,

Ahora no me acompaña

Y sola me siento perdida.

. . . .

Cuan suave susurro llegas
Con levedad y armonía,
Pero el ruido en mi cabeza
Argumenta otra salida.

Al ser tan leve y difusa
La señal en mi dial,
Busco una señal más fuerte
E ignoro la primordial.

Varias veces, "recuerdo consciente"
De que al ignorar tu voz,
No reaccioné al susurro
Y perdí mi gran ocasión.

Te digo a Ti que me guíes
Tienes mi programa eterno,
Y yo desoigo tu voz
Y al hacerlo me detengo.

Quiero estar alerta,

Que no vuelva a suceder

Que el pequeño impulso ignore

Y me vuelva a detener.

Ayúdame a estar alerta,

A ampliar la cobertura

Para que esa suave voz

Se imponga, ante cualquier duda.

Gracias

. . . .

Deja la evidencia por la esencia

Mira las estrellas, deja el farol

Constata la evidencia de tu Alma

Que te habla de la esencia del Amor.

. . . .

Sin ser consciente de ello
Cedí el control de mi vida,
A personas y lugares
En acto de cobardía.

Pero soy la responsable
De coger las riendas mías,
De encauzar mis pensamientos
Recreando así mi vida.

El control de la razón
Me apresa y me amarra entera,
He de liberar mi mente
Que no sea una barrera.

. . . .

Me enseñaste a crecer,
Pero ignoré tantas cosas
Que me vuelvo a mirarte
Y me parecen gloriosas.

Grande ha sido el ejemplo
En tan corta vida,
Que al abrir mi mente
Todo dice: ¡Mira!

Y te miro y veo,
Como tú sabías
Y emanaba en tus actos
Tu sabiduría.

Alguna vez quisiera
Llegar a tu nivel,
Y encuentro tu mirada
Que está diciendo: ¡Ven!

Y aquí estoy en el camino,
Vislumbrando el nuevo día
Esperando lograr a cada paso
Acercar nuestra energía.

He tenido la suerte en esta vida,
De compartirte y contemplar tú ejemplo,
Ese ha sido mi premio o lotería
Y puede hacerme con tu Amor un Templo.

. . . .

Pena me da que me apene

Lo que antes me dolía,

Eso habla de una esperanza

Que tiempo ha se moría.

Y sin hálito de vida,

Ya no hay dolor ni contento

Es una línea vacía

Donde apenas me sustento.

¿Fue mejor la esperanza,

O lo es el desapego?

Más sencillo es lo segundo,

Que ilusionarme no puedo.

No me duele la línea vacía,

No sé si en ella camino o vegeto

No sé si es cumbre o nueva salida,

O es el Limbo y mañana despierto.

. . . .

Despídete de tu absurdo yo

Y del dolor que te embarga,

Que te empuja a mil mares

Y entre las olas cabalga.

Una vez libre del ego

Y en tu presencia infinita

Con todo eras uno y libre,

Y en todo el Amor palpita.

No oscurezcas la esencia de Amor,

Con ideas que opriman tu Alma

Ella es libre, blanca y abierta

No hagas de ella una isla sin calma.

Tú con el todo, Y en feliz unión

Compartes la vida Sin separación,

Con rocas, con plantas con Aves, y sol,

Con todo te integras,

Y hallas tu farol.

· ·

Fuiste el contrapunto

Que necesitaba

Cumpliste tu encargo,

Pues sin ti, volaba

Y no debía hacerlo

Porque saltaría,

Por encima cosas

Y no aprendería.

Aunque ha sido ingrato

Fue ese tu papel,

Y a ciegas luchaste

Para hacerlo bien.

Ahora yo comprendiendo

El motivo que te ataba

Pido a Dios que te libere

Del papel que te amarraba

Ahora te pido perdón

Por no entender tu papel

Por juzgarte en mi ignorancia

Sin ver, que me hacías bien.

GRACIAS, TE QUIERO.

. . . .

El hilo de araña
Desde lo infinito,
Sabe de mi vida
Lo que necesito.

En tus manos dejo
Mi razón terrena,
Pues llenas mi mente
De energía buena.

Finísimo hilo
Fuerza desmedida,
Belleza intangible
Que me habla de vida.

Estoy queriendo decir:
Cedo el control de mi vida
A la invisible energía,
Del Amor y de su guía.

. . . .

Estoy tan triste, tan triste

Que duele sobrevivir,

Sé que tengo que perderte,

Sé que debe ser así.

Pero eso no me consuela,

Duele la vida y vivir,

Será por bien que suceda

Pero me duele por ti.

Espero superes pronto

El revés que nos azota,

Tú eres joven y muy pronto

Saldrás de esta vía rota.

Un cauce nuevo te espera

Y en él, llega vida nueva

Borra el amargo momento,

Y nada hacia otra ribera.

. . . .

En lo que mi vista abarca,

Descubro un manto de flores

Al grito de primavera

¡Mirar y ver mis colores!

Es tanta la maravilla

Y belleza del color,

Que me extasío contemplando

El mundo en pequeña flor.

Qué pequeñas y grandiosas

Son tan chiquitinas flores,

Que mis sentidos se colman

Percibiendo sus colores.

Amarillos, violetas, rojos,

Azules, blancos y rosas…

Y un sinfín de tantos tonos

Que pintan todas las cosas.

Vestido el suelo con tan bellas flores,

Con la lluvia de oro de la luz del sol,

Veo un microcosmos perfecto y grandioso,

Siento en su abundancia la mano de Dios.

. . . .

Al destino que unió su camino

Yo le pido un sendero feliz

Donde vivan sus días tranquilos

Donde gocen la vida y vivir.

. . . .

Estabas latente en mí
Y yo te andaba buscando,
Me perdía en el camino,
Y me sentaba esperando.

Pero al fin llegó el día
Que percibí un más allá,
Una puerta, una apertura
Y una gran libertad.

Con ella di un paso más
Que fue abriendo mis sentidos,
Percibí tanta belleza
Y tanto Amor en el camino.

Ahora no busco a ciegas,
Yo me reúno contigo
Paro el ruido, y en silencio
Escucho a mi gran amigo.

Me muevo sin temor,

Sabiendo que estás conmigo

Pues la justicia divina

Tiene previsto el camino.

. . . .

Dejé hace años de escribir

Sobre lo que es libertad,

Y ahora con ello te digo

Que es responsabilidad.

La libertad de pensar,

La libertad de sentir

Hacen actos consecuentes

Que manifiestas en ti.

Más si quieres que sean otros

Quienes piensen por ti,

Si quieres adocenado,

Y aletargado vivir,

No te atrevas a dar alto

Tus opiniones aquí,

Que dicen lo que otros dicen

Y muy poquito de ti.

. . . .

Es una pena que pienses

Lo que la moda provoca,

Hoy toca nacionalismo

Con el retraso a que avoca

Más si no lo quieres ver,

Si tú no quieres pensar,

¿Por qué te va el cacareo

Que te quieren inculcar?

Sólo responde a intereses,

Que no es el bien general,

Pero si no te despiertas

Todo lo vas a ignorar.

Todo lo que no pretenda

Igualar a tus paisanos,

Es un espejismo grave,

Que te ata de pies y manos,

Despiértate, mira y escucha,

Entre tanta sinrazón,

Date un voto de esperanza

Y escucha a tu corazón.

. . . .

Ahondando en las entrañas

De mi trozo de cantera,

Vislumbré el pequeño trozo

Que al moverme me moldea.

En tan poco recorrido

Se plasmó mi vida entera,

En nada quedó el proyecto

De explorar la tierra entera.

. . . .

Un año más para junio,
Hago mi excursión señera
Y me adentro en la meseta
Donde mi Alma se recrea.

Lo hace con el color,
Que por doquier serpentea
Por la fuerza y por la luz
Que ante mí se espolvorea.

Un pino ancla sus raíces
En rocas y medio hostil,
Demostrando así su fuerza
Y su humildad por vivir.

Humildad, fuerza, valor
Donde mi vista se posa,
Descubriendo un arco iris
Desde el amarillo al rosa.

. . . .

Tendida en la marquesina,
Me extasío el cielo mirando,
Viendo el precioso paisaje
Que las nubes van formando.

Es un prodigio continuo,
Que recrea sin cesar
Esa grandiosa belleza
Que calma mi Alma al mirar.

Se ve un paisaje nevado,
Se ve un proceloso mar,
Pero ante todo es tan bello
Que calma mi Alma al mirar.

Quiero atrapar el momento
Tan efímero y radiante,
Que el aire va borrando
Y dibujando al instante.

Un difuso movimiento
Hace un paisaje de calma,
De azules blancos y grises
Donde reposa mi Alma.

. . . .

Once años sin tu presencia,
Once sin tu compañía
Once años desde tu muerte
Pero sigues en mi vida.

Hay pena con tu recuerdo
Alivio en tu compañía,
Y siempre está tu presencia
En lo que hago cada día.

Te sigo queriendo tanto,
Que estás en mí día a día
Y te filtras en mis actos
Dándole vida a la mía.

Pese a tener muchos años
A tu lado soy pequeña,
Y siento tu protección
No puedo vivir sin ella.

. . . .

Serán pequeñas cosas

Las que vaya trascribiendo,

Y espero que esta terapia

Me vaya reconduciendo.

Sé que inicio aquí un camino,

Me pongo en disposición

Para escuchar a las musas

Y abrir de nuevo el buzón.

Sé que el camino no escojo,

No sé por qué recorrido

Llegaré a vaciar mi piel

Y albergar un nuevo nido.

Este es cómodo, caliente,

Y me está llenando tanto,

Que he de abrir la puerta al nido,

Y fuera escuchar su canto.

. . . .

Sé que piensas que te ignoro,
Pero estás equivocado,
Sólo ocurre que hay heridas
Que aún no han cicatrizado.

Quisiste anularme tanto
Por tenerme para ti,
Y me hiciste tanto daño
Que hasta me sentí morir.

No existiría pareja
Más feliz en esta tierra,
Si, siendo yo y sin fronteras
Viviera la vida entera.

Pero todo me da miedo
Siempre tu juicio acechando,
Que a veces no me he movido
Por no escucharte juzgando.

No ignoro tus manos,

No ignoro tu voz

No tus buenas cosas,

No tu incomprensión,

Y esta me ata

A la dura cadena,

De estar siempre en guardia,

A esta duermevela.

Sentirme libre a tu lado

Sería mi vida entera,

Seríamos todos felices

Sin alerta y sin barreras.

. . . .

Te estás siempre convenciendo
De tu gran fuerza y poder,
Utilizando argumentos
Que te apartan de tu ser.

Tu idea de poder está basada,
En recrear el temor que te rodea,
O llega tu ira justiciera y un coraje
De impotencia que te ciega.

Fuerza, ira y temor para imponerse
Disfraza inadaptación al movimiento,
A la flexibilidad y amplitud de miras
Que requiere un mundo en continuo crecimiento.

Andar con el tiempo, requiere fortaleza,
Y esta nace de tu paz interna
Que cólera, ira y temor la tienen presa,
Libérala y sentirás la paz eterna.

. . . .

Creo que desde hace muchos siglos
Fui buscando una respuesta,
Una luz, una salida,
Una ventana, una puerta.

Pero olvidé qué buscaba
Porque encontré que tenía,
Y sólo manifestaba
Aquello que yo sentía.

Se acabó el anhelo por la prueba,
Se selló la duda y la porfía,
Soy consciente de Tu gran Presencia,
Sólo tengo que hacerla mía.

Ese sólo implica muchas cosas,
Que mi mente no ande a la deriva,
Admitir la verdad del sentimiento,
Que conste tu presencia en la mía.

Y ya la eterna libertad,

El gran contento

Limpiarme de auto-creación humana

Y manifestar al Dios que es mi sustento.

. . . .

No sé por qué me marginas

Dejas a un lado e ignoras,

Creo que me necesitas,

Pero tú, no lo valoras.

Te doy tu espacio, tu tiempo

Y me dolería pensar

Que pensaras que me alejo,

Queriendo no molestar.

Con tu distancia y desprecio

Tú me mantienes latente,

Dentro de un punto intermedio

Siempre a tu alcance y presente.

A lo largo de los años

Has podido comprender,

Que yo estaría dispuesta

Queriéndote complacer.

Más no confías en mí,

Crees que soy tonta y necia,

Que no podría comprender

Lo que te duele o potencia.

Me dejas pocas opciones

Para mostrarte mi Amor,

Más respeto tu distancia

Con mi frio y mi calor.

. . . .

Pasaron cincuenta años,
Tal vez creas que anodinos,
Pero en ellos has crecido
Más que los montes Andinos.

Aunque en espacios pequeños
Por circunstancias te mueves,
Has gobernado tu barco
A muy distintos niveles.

Afluyen aguas al punto
Donde tu barco se encuentra,
Que aunque a veces apacibles
Otras llegan con tormenta.

No es fácil la maniobra,
Sólo tu mirada atenta,
Tu disposición y lucha
Tienen tu nave contenta.

Pero no te agotes tanto,

Cede a tu tripulación

Cosas por ellos asumibles

Y libera tu tensión.

. . . .

Desde mi nido de niña
Soñé nuevos horizontes
Donde vivir experiencias
Que se me negaba entonces,

Esos sueños, me llevaron
Dos pasos alrededor
Del nido que cuando niña
La vuelta al mundo inventó.

Tuve que moverme poco,
El vuelo no pude alzar
Y crecí como persona
Con freno para volar,

Me tomé una libertad:
La de sentir y pensar
Siendo de ello responsable
Y volando sin volar.

. . . .

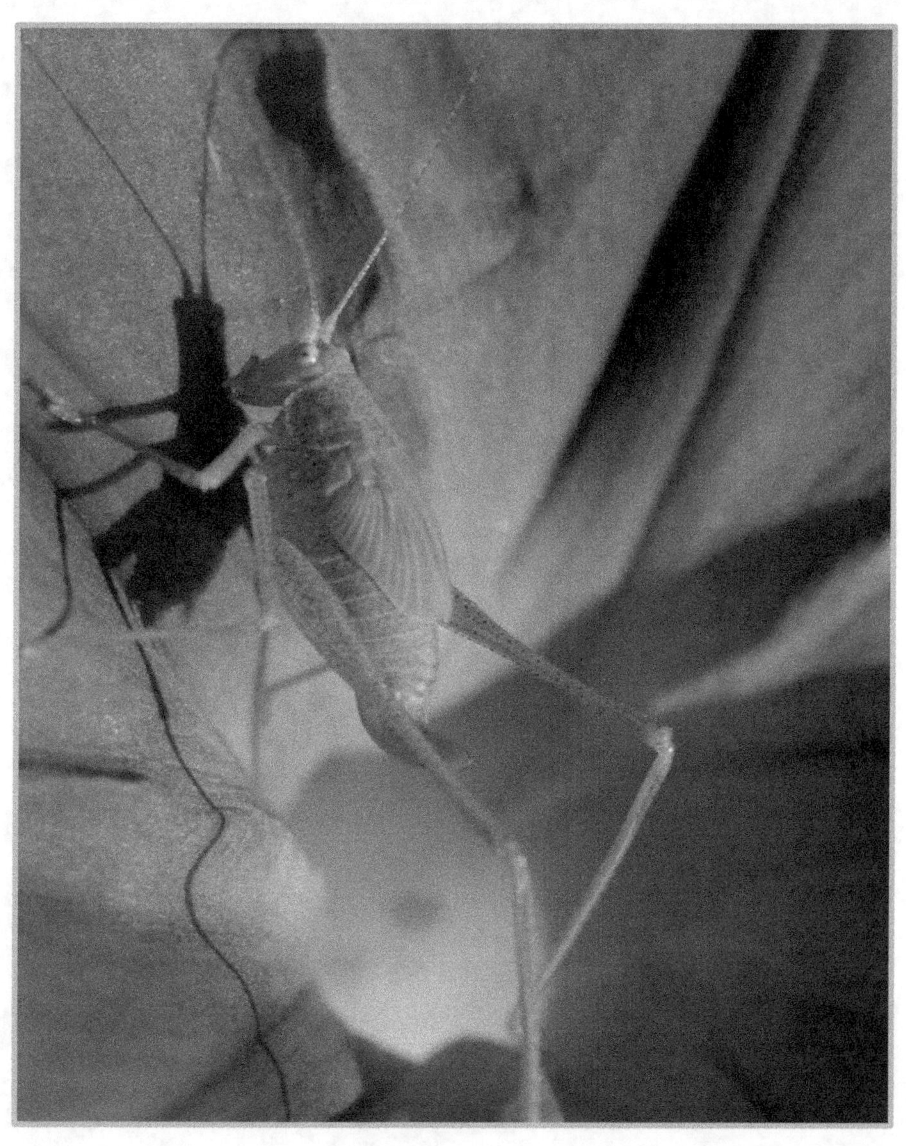

TESELA

Tesela que a través del tiempo

Es parte de un marco importante

Aquel que sujeta el espejo

Donde al mundo le gusta mirarse

Con gozo mantiene su puesto

Para ella es muy importante

Ocupar un lugar tan pequeño

Donde goza y se siente radiante

Del espejo surgen mil reflejos

Que hablan del mundo al instante

Los haces de luz le sonríen

Y su calor le arropa constante

Desde ahí va vislumbrando

El mundo por sus reflejos

Porque al ser parte del marco

No ve dentro del espejo

Que gozo, que en este espejo

Le guste al mundo mirarse

Y yo por ver su reflejo

Me esfuerzo por aferrarme

Pero qué suerte la mía

Ser tesela en este espejo

Porque sé que existe el mundo

Y sólo por su reflejo.

. . . .

Que feliz y contenta me siento

En contacto con este: mi idilio,

Y me duele que veces me atrapen

Y te busco en un loco delirio.

. . . .

Afluente, me fundí en tu rio

Y en el recibí nutricio alimento

Tanto y tanto afluyó a mi vida

Que hoy, ya madura es un gran contento.

Juntos por ancho estiaje,

Por cortos meandros

Por duro riscar, bonitas riberas

Con verdes parajes, y desfiladeros de oscuro mirar

Hubo torrenteras con caudal revuelto, tiempos de

sequía, tiempos de humildad

Pero en el subsuelo siempre estuvo el agua, e

inicia de nuevo el paseo hasta el mar.

. . . .

En mi campo de experiencia
Y aunque oculto a mi memoria,
Se encuentra todo elemento
Que contacto en mi noria.

Quitando capas de vendas
Que enterraban a mi Yo,
Observo con la luz nueva
Que la experiencia me dio.

. . . .

Llegó al fin el sosiego
Y disfruto su calma,
Terminó la zozobra
Que azotaba mi Alma.

Supongo será un descanso,
Antes de continuar
A la búsqueda de metas
Que mi Alma quiera lograr.

. . . .

Ese proceso continuo
Ese observar el momento,
Ese sentir la experiencia
Ese recordar por dentro.

. . . .

En el momento dado
Que te paras a observar,
Descubres ser el producto
Y el grano para sembrar.

Las cosas que la vida te ofrece
A tu objetivo, elementos le da
Todo es grano en la siembra que crece,
Alimento, bebida, MANA.

. . . .

El proceso del camino,
Me llevó a la conclusión
Que la suma de elementos
Elevó mi vibración.

. . . .

No quieras ser,

Solamente Se

No pretendas llegar

Ya Estás

No pretendas ser feliz,

Solo Sé feliz.

Se Tú, todo lo grande que eres y con ello habrás

logrado todas tus "pretensiones".

Sé y siendo podrás compartir lo que eres, un ser

completo que no necesita de otro, sino para

compartir tu completitud.

Todos los supuestos dramas, deseos o carencias,

crean expectativas que te aíslan de tu propia

realidad, que es tu YO completo.

Vive el momento con atención, disfrútalo paso a

paso y descubrirás que rebosas Amor, Paz y

Felicidad.

.   .   .   .

Te vas diluyendo en ríos
Donde la mente te lleva
Y fluyes en la corriente
Que la cabeza recrea

Fluyes queriendo llegar
A un remanso, o una fuente
Donde te pueda alcanzar
Cuando serene mi mente

Una y otra vez ocurre
Que pierdo la conexión
Y me zambullo en el agua
Nadando en tu dirección.

. . . .

Anhelo ese punto de encuentro

Que me inunda el perfume, la brisa el calor,

Cuando observo y siento la grandeza

Y la fuerza que emana el ribazo sin flor.

Ese estado de conciencia

El viaje en esa fragancia

Hace que mi Alma entienda

Lo que mi mente no alcanza.

. . . .

Quise darte libertad,
¡Aquella que yo añoraba!
Y ahora descubro perpleja
Que la misma te asustaba.

Tal vez hubieses querido
Que encorsetara tu vida,
Para moverte entre líneas
Que nada de ti pedían.

Yo me moví entre corchetes
Ansiando libertad,
Y te la ofrecí en bandeja
Que no supiste apreciar

¿Por qué te quisiste preso?,
¿Por qué la cota de malla?,
¿Por qué tan fuertes barrotes?,
¿Por qué si dabas la talla?

La mente en sus recovecos,
Te instó a hacer una muralla
Y Tu Yo te está pidiendo:
Fuerzas para derribarla.

No hay otros que te aprisionen,
Eres tú, tu carcelero
Hasta que encuentres la llave
Que te muestre un mundo nuevo.

Procura acallar la mente
Escucha tu corazón,
Siente esa nueva experiencia,
Quita tu caparazón.

. . . .

Hay momentos en la vida
Con crisis en la consciencia
Que aunque creemos saber
Necesitamos paciencia

La adolescencia es difícil,
El hueco interior no ayuda
Para que los pensamientos
Sean de un Alma madura

Date Amor y tiempo
Piensa en positivo
Ve que tú eres grande
Sin ningún motivo

En tu joven cuerpo
Crece un Alma bella
Mima y da cariño
Porque tú eres ella

Tu cuerpo irá madurando
Y tu Alma llena de Amor
Cubrirá el vacío interno
Que es solo una ilusión.

Vigila tus pensamientos
Que no anden a la deriva
Permite los positivos
Los que ayudan a tu vida

Tú lo eres todo
Tú todo lo puedes
Solo se consciente
Y cuida lo que eres.

. . . .

Te hablo en mi idioma
Te suena bonito
Más no aprecias nada
Mi esfuerzo infinito

En un preciso momento
Cuando quiero que te enteres
He de hablarte en tu lenguaje
Y que reacciones si quieres

Ello te ofende y me dices
Que creyéndome especial
Te defrauda mi vocablo
Que es al de otras igual

El lenguaje en que te expresas
No te gusta que hable yo
Hablo el mío y no te enteras
Me harté y a callar me voy.

. . . .

Después de años en la escuela
Dando clases de dicción
Resulta que no sabías
Que eso era una lección.

. . . .

Pese a saber que te encuentro
Allí donde miro y moro
Me sorprendo en procesiones
Emocionándome y lloro

Puede que sea el fervor
Que vive quien procesiona
Lo que hace que yo perciba
Y su emoción, me emociona

Latente en ese fervor
Está el templo del Amor
Que aunque se crea escondido
Es la presencia mayor

. . . .

Hoy día de mi cumpleaños
Pido un favor especial:
Que el hijo de mi amiga
Supere la enfermedad,

Y que mi amiga tranquila
Pueda volver a soñar
Ver a sus hijos felices,
Vivir con serenidad.

. . . .

Percibes tu entorno
Y tu cabeza interviene
Tamizando con prejuicios
La realidad que contiene

Una vez distorsionada
La realidad circundante
La haces tuya y alimentas
Con tus miedos y talante

Una vez tuya la idea
Del entorno que te arropa
Ves que te agrede y ofende
Sin ver que tú eres la tropa

Esa idea la propagas
Sin hacerte responsable
Convenciendo a tus afines
Y dañando con tu sable

Cuanto más fácil sería

Que perciba el corazón

Sin distorsión de cabeza

Que lleve a la sin razón

. . . .

Recopilo ideas viejas

Que ya dejé un paso atrás

Ahora de ellas me avergüenzo

Pues juzgué por no mirar.

Otra etapa concluida,

Cuando di un paso más

Descubrí que mi ceguera

Solo era comodidad.

. . . .

Eres vulnerable

El miedo te azota

Percibes ataques

Que son tu derrota.

. . . .

Acabo de darme cuenta con el símil de los ríos, que

yo nací en tierra seca, y al mar llegué con los míos.

En el termina y renace parte de mi vida entera, que

ahora está en estiaje y nació entre sementera

Evoco el camino desde el nacimiento y en mi tierna

infancia fue de gran contento, pasaron los años,

tropecé, caí, levanté con lágrimas y también reí

Así pasaron los años y llegué con gran contento a

sentirme muy feliz en el punto en que me encuentro.

. . . .

Queriendo ahuyentar las tinieblas

A un rayo de luz me aferré

Y al poco, se fue haciendo grande

Y mi mente por fin liberé.

No hay motivo de oscuridad,

O cristal opaco para no brillar

Solo la mente puede lograr

Luz o tinieblas para albergar

Somos luz que se manifiesta

Energía que vibra con intensidad

Que aparta la niebla para que se vista

De luz armonía y generosidad.

. . . .

Piedra angular en mi vida
Donde recurrir por todo,
Ejemplo y fin de mi vida
Que me evitó pisar lodo
Ahora que miro hacia atrás
No hallo un espacio vacío
Pues voy andando camino
Y tú lo llenas conmigo
No hay distancia
Aunque el tiempo pasó
No hubo muerte
Aunque el cuerpo enterró
Sigue viva la esencia infinita
Que te hacía grande
Siendo yo chiquita

. . . .

Vocero en el tiempo

De impresión sentida

De huella del Alma

Que atenta camina

Portavoz prestado

A la inmensa tierra

Que vibra su vida

Sin que sepan de ella

No hay tierra inerte

Todo tiene vida

Pero no la vemos

Y nos grita: ¡mira!

. . . .

Ando buscando palabras

Y mi mente las esconde

Tras una gran nebulosa

Que me impide, ver a donde

Antiguamente expresaba

Qué quería conocer

Ahora que ya conozco

No hay palabras que tejer

Acabaron preguntas sin respuesta

Terminó el ansia del mañana

Fluyeron de mí todas las respuestas

Y la paz que mi ansia suspiraba

. . . .

Ahora plena quisiera contar

La experiencia que colma mi dicha

Y mi mente no encuentra palabras

Que enferma evapora una suave brisa.

. . . .

Esclavo de las leyes del tiempo,
Mi cuerpo marchita
En cambio mi alma está plena
De dicha infinita

En mi memoria no encuentro
Palabras para expresarme
Pero soy un libro abierto
Que lees solo al mirarme

Entonces nos encontramos
Conscientes de nuestro ser
Donde sobran las palabras
Y el hilo para tejer

Las Almas se reconocen
Sin que medien las palabras
Pues trascienden nuestro cuerpo
Y las leyes que lo amarran

Sentimientos y emociones

Forman un tapiz tan claro

Que se acercan a los otros

Cambiando en bueno, lo malo.

. . . .

Quisiera rememorar

Cosas que voy percibiendo

Pero hay una espesa niebla

En mi mente interfiriendo

No sé cómo despejar

La incógnita que me llama

Soplo la niebla de hoy

Y el sol brilla hasta mañana

Otra vez la niebla impera

Intuyo a través el sol

Que dentro de mí se asoma

Desde otra dimensión.

. . . .

Inviernos duros, oscura morada
Van dando paso a primavera clara
Y en esa explosión de luz y contento
Ves la gran belleza y la sientes dentro

El próximo invierno más leve será
Más clara la casa donde morarás
Y otra primavera te muestra su esencia
Y en esa belleza te encuentras inmersa

Otra vez invierno, más ligero ya
Otra primavera que aflorando está
La luz y las flores se muestran gustosas
Te extasías en ellas como mariposa
Una vez y otra, cambias de estación
Y vas mejorando de situación

El rigor del frio dio paso a otro clima
Que vas disfrutando subiendo a la cima
Emerges del clima, subes a la luz
Superas estadios y te muestras TÚ.

. . . .

Tierra que el clima no mima

Que el agua de riego mina su caudal

Que digna y serena espera apacible

Un cambio de tiempo que le haga brotar.

.   .   .   .

En la manifestación de vida

Una vez más se sucede

Que te eligen narradora

Aunque creas que no puedes.

.   .   .   .

Solo viste en mí la masa
Pero una y trina soy
Y al apresarme no viste
Que algo en mí se anuló

Pero subyacen anhelos
Que a mi Alma negando estoy
Sólo porque tú no veas
La parte que me afectó

Más descubro poco a poco
Que fuese una u otra parte
Afectó a mi YO completo
Y produjo un gran desastre

Mis anhelos y ansias de vida
Que tu incomprensión veló
Resiente y daña mi cuerpo
Pese a mi caparazón.

· ·

Tienes un plan para mí,
No intervengo en tus designios
Los reveses ocurridos
Revierten en beneficios

No sé el motivo ni el fin
Acepto las circunstancias
Porque pese a los reveses,
Se convierten en ganancias

Encontrar la parte buena
De aquello que me acontece
Hace que no me sumerja
Y el revés me fortalece

No sé el diseño del plan
No sé el final que persigue
Solo sé que un viento leve
Me empuja y me dice: sigue

Por lo tanto no renuncio,

a aquello que me acontece

Pues existo en tus designios

Y eso me alienta y crece.

. . . .

Si un orden establecido

Ascendente, calculado

Me dice que se mejora

De cada estadio pasado

Si con mis mayores tuve

La base de un "buen vivir"

Los hijos que a mí me sigan

¿Tendrán una base en mí?

Espero que exista ese orden

Y no tenga que pensar:

¡Qué ocurrirá con mis hijos!

Pues deseo descansar.

. . . .

Por providencia o designio
Dejé de andar con mis afines
No sé para cuando guardas
Mi baile con los delfines.

. . . .

Me agota tanto cerril
Que encuentro por el camino
Su cabeza torpedea
Los pasos de mi camino

Ahora empiezo a aprender
Que sus ofensas resbalen
Porque vacían así
La impotencia que se saben

Su juego ya no me atrapa
Su ira ya no me duele
Su tono, sus condimentos,
Su alimento, me repele

Alimentan su vida

De banalidad,

Y envolverme en ella

Pretenden lograr

Al no conseguirlo,

Su ira aparece

Pero no la miro,

Y para mi perece

. . . .

Sé que a veces he pedido

Desde el egoísmo, algo

Y no me lo concediste

Pues me escribías un tango

En ese guión no estaba

Aquello que mi egoísmo

Pedía a tontas y a ciegas

Y que hablaba de escapismo

Más no me lo concediste
Sabías el guión del tango
Y la prisión protegía
Tus designios para algo

Lo que quiero, y lo que quieres
Mantienen un desencuentro
Busco el camino adecuado
Que me lleve hacia mi centro

Tu sabes que no es huyendo,
Y por qué me quieres dentro,
Susúrramelo al oído
Para olvidar el tormento.

Así no querré huir,
Solo quiero una ventana
Por donde entre aire fresco
Y la luz de la mañana.

. . . .

Te pido disposición
He intento explicar por qué
Más para no confundirte
Mi proceso explicaré

Hace muchos, muchos años
Descubrí que encontraba
Innovadoras ideas
Que otros no participaban

Sentía cosas diferentes
Percibía otra magnitud
Que no siempre compartía
Para ser igual que tú

Vivía en dos direcciones
Según con quien me encontraba
Pero al regresar a casa
Seguía siendo la rara

Hasta que descubrí libros
Que hablaban mi mismo idioma
Y decían mis ideas
Desde el punto hasta la coma

Dejé de sentirme rara
Me entregué a un mundo nuevo
Con apertura de ideas
Sin rancios juicios o miedos

Fueron pasando los años
Mi físico maduró
Y también mi parte interna
Aquella que siempre habló

Continué encontrando libros
Que daban explicación
A palabras que salían
De dentro del corazón

. . . .

Quiero hablarte de energías
Y no pido comprensión
Sólo saber si te encuentras
En libre disposición

Existen las energías
Que mueven todo el planeta
Y elevan su vibración
Según se acercan a meta

Nosotros los humanos
Debemos equilibrarnos
Y avanzar en la energía
Que nos permita curarnos

Ya no se trata que otros
Con su pastilla te curen
Ahora ambos han de implicarse
Y que la energía actúe

Paciente y sanador deben

Ponerse en disposición

Dejar paso a la magia

Que logre la curación.

. . . .

Cada uno elige un camino
Que al mismo destino lleva
No hay uno mejor que otro
El que te sirve te eleva

El bastón en que te apoyas
Se ha de ajustar a tu altura
Si no en tu desconcierto
Te daña y no te cura

Cada cual con su bastón
Diferente del vecino
No debería juzgar
Pues ayudan al camino

Si te apoyas en la iglesia
O al Dios de tu corazón
Si buscas en religiones
O piensas con todo Amor

No importa el bastón que elijas

Siempre que te ayude a andar

Pues al llegar a la meta

Nadie te reprochará.

. . . .

www.ingramcontent.com/pod-product-compliance
Lightning Source LLC
LaVergne TN
LVHW010326200726
843507LV00010B/1372